ÉTUDES

SUR

L'HYPOTHÈQUE LÉGALE DES FEMMES

Depuis le Code civil

ET SUR LES

DIFFICULTÉS QUE PRÉSENTE L'APPLICATION

DE LA

LOI DU 15 FÉVRIER 1889

PAR

M. DUCRUET

Ancien Président de la Chambre des Notaires de Lyon

LYON

IMPRIMERIE MOUGIN-RUSAND

3, rue Stella, 3

1890

ÉTUDES

SUR

L'HYPOTHÈQUE LÉGALE DES FEMMES

Depuis le Code civil

ET SUR LES

DIFFICULTÉS QUE PRÉSENTE L'APPLICATION

DE LA

LOI DU 15 FÉVRIER 1889

PAR

M. DUCRUET

Ancien Président de la Chambre des Notaires de Lyon

LYON

IMPRIMERIE MOUGIN-RUSAND

3, rue Stella, 3

1890

En 1856, Me Ducruet avait publié des études sur les difficultés que présentait l'application de la loi *de la transcription*, du 23 mars 1855.

La dernière année de sa vie a été consacrée, en grande partie, aux mêmes études sur la loi du 15 février 1889, *portant modification de l'article* 9 *de la loi du* 23 *mars* 1855 (*hypothèque légale de la femme*).

Après avoir donné ce travail à l'impression, dans les premiers jours du mois de février 1890, Me Ducruet est mort, le 12, sans en avoir corrigé les épreuves.

ÉTUDE

SUR

L'HYPOTHÈQUE LÉGALE DES FEMMES

DONT L'EXERCICE EST RÉGLÉ PAR :

Le Code civil, sauf l'exception introduite par le Code de commerce, dans la section intitulée *Des Droits des femmes.*

La loi du 3 mai 1841 ; la loi du 10 juin 1853; la loi du 23 mars 1855; la loi du 21 mai 1858 ; et, en dernier lieu, la loi du 15 février 1889.

PREMIÈRE PARTIE

Législation antérieure à la loi du 15 février 1889.

CODE CIVIL

Cette hypothèque est une création du Droit civil et non de la convention matrimoniale. Elle existe en vertu des articles 2121 et 2122 du Code, et peut être exercée sur tous les immeubles appartenant au mari lors du mariage, et sur tous ceux qui peuvent lui appartenir dans la suite.

Aucune disposition du Code civil n'autorise la femme à y renoncer.

L'article 2140 permet, seulement aux époux majeurs, de stipuler, dans le contrat de mariage, qu'il ne sera pris d'inscription que sur un ou certains immeubles du mari. Les immeubles qui ne seraient pas indiqués pour l'inscription resteront libres et affranchis de l'hypothèque pour la dot de la femme et pour ses reprises et conventions matrimoniales. Il ne pourra pas être convenu qu'il ne sera pris aucune inscription.

A défaut, dans le contrat de mariage, de la convention permise par l'article 2140 du Code civil, l'hypothèque légale frappe tous les biens présents et à venir du mari, sauf l'exception introduite par le Code de commerce, en cas de faillite du mari, dans la section intitulée « des Droits des femmes ».

Suivant l'article 2135, l'hypothèque existe, indépendamment de toute inscription, au profit des femmes, pour raison de leurs dot et conventions matrimoniales, sur les immeubles de leur mari, et à compter du jour du mariage. La femme n'a hypothèque, pour les sommes dotales qui proviennent de successions à elle échues ou de donations à elle faites pendant le mariage, qu'à compter de l'ouverture des successions ou du jour que les donations ont eu leur effet. Elle n'a hypothèque, pour l'indemnité des dettes qu'elle a contractées avec son mari et pour le remploi de ses propres aliénés, qu'à compter du jour de l'obligation ou de la vente.

Suivant l'article 2136, les maris sont tenus de rendre publiques les hypothèques dont leurs immeubles sont ainsi grevés ; et, à cet effet, d'en requérir eux-mêmes l'inscription, sans aucun délai, au bureau à ce établi, sur les immeubles à eux appartenant et sur ceux qui pourront leur appartenir par la suite. L'inscription des femmes mariées sur leur époux sera faite sur la présentation de deux bordereaux contenant seulement : 1° les nom, prénoms, profession et domicile réel de la femme, et le domicile qui sera, par elle ou pour elle, élu dans l'arrondissement ; 2° les nom, prénoms, profession, domicile ou désignation précise du mari ; 3° la nature des droits à conserver, et le montant de leur valeur, quant aux objets déterminés, sans être tenu de le fixer quant à ceux qui sont conditionnels, éventuels ou indéterminés.

L'article 2144 permet au mari, du consentement de sa femme, et après avoir pris l'avis des quatre plus proches parents d'icelle réunis en assemblée de famille, de demander que l'hypothèque générale sur tous ses immeubles, pour raison de la dot, des reprises et des conventions matrimoniales, soit restreinte aux immeubles suffisants pour la conservation entière des droits de la femme.

Le chapitre VII du titre des privilèges et hypothèques,

intitulé « de l'extinction des privilèges et hypothèques », contient la disposition suivante :

« Les privilèges et hypothèques s'éteignent : 1° par « l'extinction de l'obligation principale ; 2° par la renoncia-« tion du créancier à l'hypothèque ; 3° par l'accomplisse-« ment des formalités et conditions prescrites aux tiers dé-« tenteurs, pour purger les biens par eux acquis ; 4° par la « prescription. »

Pendant la durée du mariage, il ne peut y avoir ni extinction de l'obligation imposée au mari au profit de sa femme, ni renonciation de la femme à son hypothèque légale, ni prescription ; est seule possible l'extinction de cette hypothèque, par l'accomplissement des formalités et conditions prescrites aux tiers détenteurs, pour purger les biens par eux acquis.

Ces formalités sont de deux sortes : si l'hypothèque légale a été inscrite, le tiers acquéreur doit se conformer à ce qui est indiqué dans le chapitre VIII ; si elle n'est pas inscrite, il pourra la purger par l'accomplissement des formalités indiquées dans le chapitre IX.

Suivant l'article 2195 du Code, à défaut d'inscription dans le délai des deux mois de l'exposition du contrat, du chef des femmes sur les immeubles vendus, ils passent à l'acquéreur sans aucune charge à raison des dot, reprises et conventions matrimoniales de la femme, sauf le recours de la femme, s'il y a lieu, contre le mari.

Quant à la renonciation de la femme à son hypothèque légale, elle ne peut produire aucun effet, par le motif que cette hypothèque ne peut être la matière d'une convention matrimoniale autre que celle autorisée par les articles 2140 et 2144 du Code civil.

Avant la loi du 21 mai 1858, la jurisprudence constante de la Cour de cassation, confirmée par un arrêt rendu en audience solennelle le 23 février 1852, a jugé que l'hypothèque légale de la femme, qui avait négligé de prendre inscription dans les deux mois de la publication du contrat, était définitivement éteinte, relativement à l'immeuble acquis par le tiers détenteur, soit au regard du mari, soit à celui de ses créanciers, et que la femme avait perdu, non seulement son droit de suite, mais encore celui de se présenter à l'ordre pour demander une collocation en vertu de son hypothèque légale.

Mais, à l'égard des immeubles dont le mari restait propriétaire, la jurisprudence admettait, non seulement que la femme pouvait subroger les créanciers hypothécaires de son mari au rang de son hypothèque légale, mais encore que cette subrogation était, comme l'hypothèque légale elle-même, dispensée de la nécessité d'une inscription destinée à la rendre publique, et que, entre divers créanciers subrogés, le rang était réglé seulement par la date des subrogations.

Cette occultanéité était une source d'abus. L'effet de la subrogation est de transmettre au créancier subrogé le droit et le rang de l'hypothèque légale de la femme qui subroge. La validité de cette subrogation est soumise à la capacité de la femme réglée par les articles 217, 1123, 1124 du Code civil. Elle ne peut être consentie par les femmes dotales. Son effet est soumis à la condition expresse qu'elle soit la conséquence nécessaire de l'engagement contracté par la femme en faveur du créancier du mari, lequel crée, à son profit, un droit d'hypothèque pour l'indemnité des dettes par elle contractées, conformément à l'article 2135 du Code civil.

Les articles 2140 et 2144 ne permettent pas à la femme de consentir une renonciation extinctive de son hypothèque légale. C'est ce qui a été jugé en principe par un jugement du Tribunal civil de Châlon, du 31 août 1820; par un arrêt de la Cour de Dijon, du 3 février 1821, et par un arrêt de la Cour de cassation, du 9 janvier 1822, qui a rejeté le pourvoi formé contre l'arrêt de la Cour de Dijon, dans l'espèce suivante :

Dans un acte sous seing-privé en date du 24 novembre 1813, la dame Deschamps, autorisée par son mari, déclare que, pour assurer autant qu'il est en son pouvoir les créances dues à certains créanciers du mari, elle consent à ce que ces créanciers soient payés par préférence à elle-même sur le prix des immeubles saisis, renonçant à la priorité de son hypothèque légale.

Le 23 juin 1816, acte notarié par lequel la dame Deschamps réitère ce consentement à priorité, sans prendre aucun engagement personnel en faveur de ces créanciers.

Les immeubles du sieur Deschamps ayant été vendus, la dame Deschamps produisit dans l'ordre ouvert pour la distribution du prix, et demanda à y être colloquée au premier rang pour ses reprises et conventions matrimoniales.

Les créanciers hypothécaires postérieurs lui opposèrent la cession de priorité consentie en leur faveur dans les actes de 1813 et 1816.

La dame Deschamps répondit que cette renonciation, qui n'était autre chose qu'une réduction de son hypothèque à certains immeubles, était nulle, pour n'avoir pas été précédée de l'avis des parents et de l'autorisation du juge, conformément aux dispositions des articles 2144 et 2145 du Code civil.

Les conclusions de la dame Deschamps furent successivement accueillies favorablement, par le Tribunal de Châlon, par la Cour d'appel de Dijon, et par la Cour de cassation.

Voici les motifs adoptés par cette dernière Cour :

« Considérant :

« Que l'arrêt attaqué a reconnu, et qu'il résulte en effet « des actes, des 24 novembre 1813, déposé à Me Lecourt, « notaire à Lyon, le 19 octobre 1815, — et 23 juin 1816, passé « devant Me Deyson, notaire à Châlon, un abandon volon- « taire et spontané, de la part de la dame Deschamps, de « ses droits d'hypothèque légale, sans aucun avantage per- « sonnel, sans y être obligée par un contrat ordinaire « préexistant, et uniquement pour venir au secours de son « mari;

« Que ces actes, réduits d'après cette juste appréciation « à une simple réduction d'hypothèque légale, n'étaient plus « susceptibles de l'application des règles générales conte- « nues dans les articles 217, 1123, 1124 et 1431 du Code civil, « mais qu'ils étaient soumis aux règles spéciales établies « par les articles 2144 et 2145 du même Code, dont la Cour « de Dijon leur a fait une juste application ;

« Rejette. »

Telle était l'interprétation des règles établies par le Code civil, avant la promulgation des lois postérieures qui l'ont modifié. Jusqu'alors, les nouveaux possesseurs ne pouvaient purger les hypothèques légales qu'en accomplissant les formalités nombreuses et coûteuses exigées par les articles 2193, 2194, et 2195 du Code civil. Des lois postérieures ont modifié ces dispositions.

Loi du 3 mai 1841 sur l'expropriation pour cause d'utilité publique.

Cette loi dispose, par ses articles 17 et 18, que la transcription du jugement d'expropriation et la publicité des formalités dont son exécution est accompagnée ont pour effet de purger les immeubles expropriés, soit des hypothèques légales existant sans inscription, soit des hypothèques inscrites, soit de tous droits de résolution ou de revendication, sauf aux intéressés à faire valoir leurs prétentions sur l'indemnité représentant la valeur des immeubles expropriés.

Loi du 10 juin 1853 relative à la Société du Crédit foncier de France.

« Article 1er. — Le chapitre premier du titre IV du décret du 28 février 1852 est modifié ainsi qu'il suit :

CHAPITRE PREMIER. — *De la purge.*

« Art. 19. — Pour purger les hypothèques légales con-
« nues, la signification d'un extrait de l'acte constitutif d'hy-
« pothèque au profit du Crédit foncier doit être faite : à la
« femme et au mari ; au tuteur et au subrogé-tuteur du mi-
« neur ou de l'interdit; au mineur émancipé et à son cura-
« teur ; à tous les créanciers non inscrits ayant hypothè-
« que légale.

« Art. 20. — L'extrait de l'acte constitutif d'hypothèque
« contient, sous peine de nullité, la date du contrat, les
« nom, prénoms, profession et domicile de l'emprunteur;
« la désignation de la situation de l'immeuble, ainsi que le
« montant du prêt. Il contient en outre l'avertissement que,
« pour conserver vis-à-vis du Crédit foncier le rang de l'hy-
« pothèque légale, il est nécessaire de la faire inscrire dans
« les quinze jours de la signification, outre les délais de
« distance.

« Art. 21. — La signification doit être remise à la per-
« sonne de la femme, si l'emprunteur est son mari. Néan-
« moins, la signification peut être faite au domicile de la
« femme, si celle-ci, sous quelque régime que le mariage

« ait été contracté, a été présente au contrat de prêt, et si « elle a reçu du Notaire l'avertissement que, pour conserver « vis-à-vis de la Société du Crédit foncier le rang de son « hypothèque légale, elle est tenue de la faire inscrire dans « les quinze jours à dater de la signification, outre les délais « de distance. — L'acte de prêt doit faire mention de « cet avertissement, sous peine de nullité à l'égard de la « femme.

« Art. 22. — Si la femme n'a pas été présente au contrat, « ou n'a pas reçu l'avertissement du Notaire, et si la signi- « fication n'a été faite qu'à domicile, les formalités néces- « saires pour la purge des hypothèques légales inconnues « doivent être en outre remplies.

« Art. 23. — Si l'emprunteur est, au moment de l'em- « prunt, tuteur d'un mineur ou d'un interdit, la significa- « tion est faite au subrogé-tuteur et au juge de paix du lieu « dans lequel la tutelle s'est ouverte. — Dans la quinzaine « de cette signification, le juge de paix convoque le conseil « de famille en présence du subrogé-tuteur ; ce conseil déli- « bère sur la question de savoir si l'inscription doit être « prise. — Si la délibération est affirmative, l'hypothèque « est inscrite par le subrogé-tuteur sous sa responsabilité, « par les parents ou amis du mineur, ou par le juge de paix, « dans le délai de quinzaine de la délibération.

« Art. 24. — Pour purger les hypothèques légales incon- « nues, l'extrait de l'acte constitutif d'hypothèque doit « être notifié au Procureur impérial près le Tribunal de « l'arrondissement du domicile de l'emprunteur et au « Procureur impérial près le Tribunal de l'arrondisse- « ment dans lequel l'immeuble est situé. — Cet extrait « doit être inséré, avec la mention des significations faites, « dans l'un des journaux désignés pour la publication « des annonces judiciaires de l'arrondissement dans lequel « l'immeuble est situé. — L'inscription doit être prise dans « les quarante jours de cette insertion.

« Art. 25. — La purge est opérée par le défaut d'inscrip- « tion dans les délais fixés par les articles précédents. Elle « confère à la Société du Crédit foncier la priorité sur les « hypothèques légales.

« Cette purge ne profite pas aux tiers, qui restent assujettis « aux formalités prescrites par les articles 2193, 2194 et « 2195 du Code Napoléon. »

Loi du 23 mars 1855 sur la transcription.

Cette loi maintient l'organisation des bureaux d'hypothèques et leur destination, telles qu'elles avaient été adoptées par la loi du 21 ventôse an VII. Elle confirme notamment la distinction établie entre le registre des transcriptions et celui des inscriptions.

Les articles de 1 à 5 indiquent la nature des actes qui sont soumis à la transcription. Ils n'y comprennent pas la renonciation qui serait faite, par la femme du vendeur, à son hypothèque légale. Quoique contenue dans un acte de vente transcrit, cette renonciation doit être inscrite sur le registre des inscriptions, de la même manière que l'inscription du privilège de vendeur, qui, quoique conservé par la transcription, doit en outre être rendu public par une inscription d'office sur le registre des inscriptions.

L'article 6 abroge les articles 834 et 835 du Code de procédure civile qui accordaient un délai de quinzaine pour l'inscription des hypothèques consenties avant la transcription. Cet article ne réserve qu'au vendeur et au copartageant la faculté de faire inscrire le privilège résultant d'une vente ou d'un partage, dans les 45 jours à compter de ces actes.

L'article 7 règle l'exercice du droit de résolution à l'égard des tiers.

L'article 8 dispose :

« Si la veuve, le mineur devenu majeur, l'interdit relevé « de l'interdiction, leurs héritiers ou ayant cause, n'ont pas « pris inscription dans l'année qui suit la dissolution du « mariage ou la cessation de la tutelle, leur hypothèque ne « date, à l'égard des tiers, que du jour de leur inscription « prise ultérieurement. »

Nota. — Cette disposition doit s'appliquer au mariage dissous par le divorce comme au mariage dissous par la mort du mari.

L'article 9 est ainsi conçu :

« *Dans les cas où les femmes peuvent céder leur hypo-* « *thèque légale ou y renoncer*, cette cession ou cette renon- « ciation doit être faite par acte authentique, et les cession-

« naires n'en sont saisis à l'égard des tiers que par l'inscrip-
« tion de cette hypothèque prise à leur profit, ou par la
« mention de la subrogation en marge de l'inscription
« préexistante. Les dates des inscriptions ou mentions dé-
« terminent l'ordre dans lequel ceux qui ont obtenu des
« cessions ou renonciations exercent les droits hypothé-
« caires de la femme. »

Les articles de 10 à 12 ajournent au 1er janvier 1856 l'exécution de la loi du 23 mars 1855, et règlent l'effet des actes antérieurs au 1er janvier 1856.

Cette loi n'apportait aucune modification à l'arrêt rendu en audience solennelle de la Cour de cassation, le 29 juin 1833, suivant lequel l'adjudicataire sur expropriation forcée était soumis, comme l'acquéreur par voie d'aliénation volontaire, à l'obligation de remplir les formalités exigées par les art. 2194 et 2195 du Code, et par l'avis du Conseil d'Etat en date du 1er juin 1807, pour la purge des hypothèques légales. Elle ne modifiait pas non plus la doctrine adoptée par l'arrêt solennel en date du 23 février 1852, suivant lequel la purge des hypothèques légales en opérait l'extinction absolue, soit à l'égard des maris et des tuteurs, soit à l'égard des créanciers.

Mais l'article 9 a donné lieu à une ardente controverse relativement à la renonciation faite par la femme, au bénéfice de son hypothèque légale, en faveur de *l'acquéreur de l'immeuble propre à son mari ou dépendant de la communauté :* cette renonciation était-elle *extinctive* ou *translative ?*

M. Troplong, dans son *Traité des privilèges et hypothèques*, publié en 1833, s'exprimait ainsi :

« Disons un mot de la cession que la femme ferait *au pro-*
« *fit de l'acquéreur du bien soumis à l'hypothèque légale.*

« Une pareille cession, soit qu'elle fût expresse, soit
« qu'elle fût tacite, aurait pour résultat de mettre l'acqué-
« reur à même de repousser tous les créanciers hypothé-
« caires postérieurs à la femme. Il exciperait à leur égard
« de la préférence qu'avait sur eux la femme qu'il représente.
« C'est ce qu'a jugé un arrêt de la Cour de cassation du 16
« janvier 1819.

« Mais, s'il y avait des cessions antérieures à la sienne,
« l'acquéreur devrait les respecter, et il ne pourrait s'en
« affranchir qu'en purgeant. »

Il existe un autre arrêt, du 14 janvier 1817, ainsi motivé :

« Attendu que, en vendant à Mazure l'immeuble dont il « s'agit au procès, la femme Hubert a garanti son acquéreur « de toutes dettes et hypothèques; qu'elle a par conséquent « renoncé, en faveur de Mazure, à l'hypothèque légale qu'elle « avait sur ce bien; mais qu'elle n'a pas fait cette renoncia- « tion en faveur des autres créanciers de son mari qui n'ont « pas été parties au contrat; qu'ainsi, en étendant à ces « créanciers le bénéfice d'un acte qui leur est étranger et qui « ne stipule d'ailleurs rien à leur profit, l'arrêt a violé l'ar- « ticle 1165 du Code Napoléon;

« Casse. »

L'exposé des motifs de la loi du 23 mars 1855 ne fournit aucune explication de l'art. 9, dont la clarté lui a paru suffisante pour l'en dispenser.

Voici maintenant en quels termes M. Troplong s'exprime sur l'esprit de cet article :

321. « Il ne mérite que des éloges pour l'amélioration si « utile qu'il renferme. Il veut que toute cession faite par une « femme de son hypothèque légale, ou toute renonciation à « cette hypothèque, soit consentie par acte authentique. La « femme trouvera une garantie dans l'authenticité de l'acte, « dans les conseils de l'officier public qui le rédige; elle sera « plus rarement victime de sa faiblesse et de son inexpé- « rience.

« En outre, le créancier qui profite d'une cession ou d'une « renonciation, doit rendre publique l'hypothèque de la « femme, par une inscription, ou mentionner, en marge de « l'inscription préexistante, l'acte qui lui en confère les « avantages.

« La nécessité de l'inscription de l'hypothèque légale par « le cessionnaire a pour but d'empêcher qu'un autre que la « femme elle-même profite de la non-publicité de l'hypo- « thèque légale. Cette non-publicité, introduite en faveur de « la femme à raison de sa dépendance et de sa capacité in- « complète, ne doit pas dépasser sa personne; c'est un pri- « vilège qui se perd pour d'autres qu'elle.

« Quant à l'obligation de mentionner en marge la cession « ou la subrogation consentie, elle a pour but d'avertir ceux

« à qui la femme céderait ensuite la même hypothèque, de « la préexistence d'un droit préférable au leur.

« Telle est la pensée de la loi, tel est son but.

322. « Suivons-la maintenant dans les applications dont « elle est susceptible. Et d'abord, l'art. 9 s'applique à deux « actes distincts qu'il prend soin de spécifier : le premier est « la *cession*, par une femme mariée, *de* son hypothèque « légale; le second est la *renonciation*, par une femme, *à* « son hypothèque légale, *au profit d'un créancier de son* « *mari*. Ce sont là deux opérations auxquelles la loi con- « serve leurs noms différents, quoiqu'elles se rapprochent « en bien des points.

323. « Le second acte dont s'occupe l'art. 9, et dont nous « voulons parler tout de suite, est la renonciation faite par « une femme à son hypothèque légale, au profit d'un créan- « cier de son mari. On a beaucoup discuté sur les effets de « cet acte; on a multiplié les subtilités, les arguments et les « doutes, et Dieu sait tout ce qu'il a été écrit sur la question « de savoir si cette renonciation *in favorem* emportait *trans-* « *mission* de l'hypothèque, ou si elle était purement *extinc-* « *tive*.

« Heureusement la loi y a pourvu. Le rapprochement fait, « dans son article 9, entre la cession et la renonciation, « pour les astreindre, l'une comme l'autre, à une mention « qui assigne un rang de collocation, est un argument déci- « sif pour l'opinion que nous avons embrassée, à savoir que « la renonciation à une hypothèque, en faveur d'un tiers, « équivaut au transport de cette hypothèque. Ce qui dissi- « perait les doutes, s'il en restait, c'est le second alinéa de « cet article, qui exprime que ceux qui ont obtenu des « renonciations, de même que les cessionnaires, exercent « les droits hypothécaires de leur auteur. »

M. Troplong, dans ce commentaire sur l'article 9, n'explique pas quels sont les cas où les femmes peuvent valablement renoncer à leur hypothèque légale. Il faut admettre qu'il s'en réfère au célèbre arrêt de la Cour de cassation du 9 janvier 1822, qui a admis en principe que la renonciation à l'hypothèque légale consentie par une femme, au profit des créanciers de son mari, n'est valable qu'autant qu'elle est la conséquence nécessaire d'un engagement personnel pris en leur faveur ; et que, en l'absence de cet engagement, elle avait le caractère d'une restriction de l'hypothèque légale soumise aux conditions prescrites par l'article 2144 du Code civil.

Dans les études que nous avons publiées, en l'année 1855, sur l'article 9 de la loi du 23 mars, nous avons indiqué les opinions différentes sur la similitude de la cession et de la renonciation. Nous avons incliné pour la publicité à donner à la renonciation par la femme du vendeur en faveur de l'acheteur, parce que les tiers ont le même intérêt à la connaître que celle faite en faveur d'un créancier, et nous avons présenté la forme à donner à l'inscription. Dès le mois de janvier 1856, le *Journal des conservateurs* et *le Contrôleur de l'enregistrement* ont adopté ce mode de procéder.

La renonciation consentie par la femme du vendeur, en faveur de l'acquéreur de l'immeuble du mari, doit-elle être soumise à l'accomplissement des formalités à remplir par les cessionnaires de l'hypothèque légale aux termes de l'article 9 ?

Cette question a donné lieu à une controverse présentée par MM. Paul Pont, dans son *Traité des privilèges et hypothèques* publié en 1856, nos 484, 485 et 486 ; Coin-Delisle, dans une dissertation publiée le 16 janvier 1857 ; Duchesneau, dans le *Journal du Notariat* du 1er janvier 1858.

Voici les arguments sur lesquels s'appuie la doctrine émise par ces jurisconsultes :

« La loi dit clairement que la cession ou la renonciation « à l'hypothèque, en faveur *d'un créancier,* sont une seule « et même chose, qui, sous deux formes, produit une su« brogation.

« La renonciation à l'hypothèque légale, telle que l'entend « l'article 9, n'entraîne donc pas la déréliction de la chose ; « c'est un transport, c'est un nantissement que consent la « femme de ses créances, à exercer sur son mari, par voie « d'hypothèque, en son lieu et place.

« La renonciation dont parle l'article 9 est donc une re« nonciation qui transfère activement les droits de la femme « *à son créancier*, et qui lui confère le droit de les exercer.

« Ceci posé, y a-t-il, dans l'espèce proposée, la renoncia« tion *translative* dont parle l'article 9 de la loi ?

« Non, en ce qui concerne l'immeuble *vendu* ; il y aurait « tout au plus renonciation *extinctive* ; ou, pour parler plus

« exactement, il y a *extinction* de l'hypothèque légale de la « femme sur cet immeuble, *et non pas renonciation.*

« On ne peut pas appeler exactement, en droit, renoncia- « tion, ce qui n'est ni acte ni déclaration de renoncer, et se « trouve n'être que la suite nécessaire d'un autre contrat.

« Donc, le concours solidaire de la femme ou son caution- « nement, à la vente que fait le mari, n'opère *ni cession ni* « *renonciation translative* de l'hypothèque légale en faveur « *de l'acquéreur*, dans le sens de l'article 9 ; il en opère « *l'extinction*, par l'effet même de la convention, à l'égard « de la chose vendue; c'est l'extinction par remise de dette, « ou, pour parler plus strictement, par remise ou libération « du gage ; et la femme a capacité pour consentir cette libé- « ration du gage, puisqu'elle prend en même temps une « obligation personnelle envers un tiers. »

Ces jurisconsultes reconnaissent donc que, dans ce cas, il y a lieu d'appliquer la doctrine de l'arrêt du 9 janvier 1822, qui ne permet la renonciation qu'autant qu'elle est la conséquence d'un engagement personnel pris par la femme.

De ces principes, MM. Paul Pont, Coin-Delisle et Duchesneau concluent : que la renonciation en faveur de l'acquéreur peut être consentie valablement dans un acte sous-seing privé ; que l'acquéreur n'a pas à faire l'inscription ou la mention prescrite par l'article 9 ; que les tiers sont suffisamment avertis par le registre des transcriptions qui contient la vente avec les conditions diverses du contrat ; que la purge de l'hypothèque légale est complète par la renonciation même ; et que, dès que l'acte a été transcrit, l'acquéreur n'a plus rien à craindre, quant à l'immeuble, des subrogations ultérieures que la femme pourrait consentir à son hypothèque légale.

Cette conclusion ne nous a pas paru acceptable.

Malgré l'autorité doctrinale de ces jurisconsultes, nous avons osé émettre l'opinion qu'il y avait danger, pour les Notaires, à en faire la règle de leur pratique ; et que, à défaut par les acquéreurs d'avoir fait inscrire à leur profit l'hypothèque légale de la femme du vendeur, ils étaient exposés à l'action des créanciers postérieurs à la vente qui auraient fait inscrire l'hypothèque légale, attendu que, suivant l'article 9, le rang des subrogations n'était plus réglé par leur date, mais par celle des inscriptions.

Nous avons établi, avec les principes du droit romain et avec l'ancien droit français :

1° Que la renonciation *in favorem*, consentie par un cohéritier, soit au profit d'un autre cohéritier, soit au profit de tous les cohéritiers, moyennant un prix, était *translative* du droit du renonçant, et n'était pas *extinctive* ; qu'il en était de même de la renonciation à son hypothèque légale, consentie par la femme du vendeur, au profit de l'acquéreur de l'immeuble du mari ; qu'une telle renonciation ne profitait pas aux autres créanciers de celui-ci ; que, malgré cette renonciation, elle conservait son droit d'hypothèque et de préférence sur le prix s'il n'était pas payé ; et que, dans le cas où le paiement aurait eu lieu de son consentement, l'acquéreur était subrogé à son droit d'hypothèque, conformément à l'article 1251 n° 2 du Code civil, et aux arrêts de la Cour de cassation du 14 janvier 1817 et du 16 janvier 1819.

2° Que l'article 2144 du Code civil interdit à la femme mariée la faculté d'éteindre son hypothèque légale pendant la durée du mariage, par une simple renonciation, ainsi que peut le faire un créancier maître de ses droits, aux termes de l'article 2180 du Code civil.

3° Que la renonciation subrogative, *in favorem* d'un tiers, ne peut être valable que dans le cas où elle est la conséquence nécessaire d'un engagement personnel, pris par la femme, au profit, soit des créanciers du mari, soit de l'acquéreur de l'immeuble hypothéqué.

4° Que le seul mode d'éteindre l'hypothèque légale de la femme, offert à l'acquéreur, était l'accomplissement des formalités indiquées par les articles 2194 et 2195 du Code civil, et que ces formalités ne pouvaient être remplacées par une renonciation.

Cette opinion a été adoptée par MM. Hervieux, Leroux, Rivière et Huguet, Verdier, Berthauld, Rabot, Aubry et Rau, Garnier, le Baron.

Mais, tout en professant cette doctrine, nous reconnaissions que les formalités exigées par les articles 2194 et 2195 du Code civil sont beaucoup trop coûteuses pour les ventes d'un prix médiocre, qu'il serait facile d'obtenir une simplification modifiant ces articles, par exemple : qu'il suffirait, relativement à la femme du vendeur présente ou partie au contrat de vente, d'autoriser le Notaire qui le recevrait à lui en remettre un extrait indiquant, qu'à défaut d'inscription dans le délai qui serait déterminé, son hypothèque légale serait purgée, et que cette purge produirait les effets indiqués dans l'article 2195 du Code civil.

Un extrait de cette réponse fut publié dans le *Journal des Notaires* sous l'article 16978. Mais cet extrait ne contenait pas la proposition de demander la simplification des formes de la purge.

Dès l'année 1856, M. Troplong avait publié, sur la loi de transcription, un traité remarquable dont nous avons extrait son opinion sur l'interprétation de l'article 9, qui n'est pas conforme à celle publiée, dans le cours de la même année, par M. Paul Pont, laquelle a été suivie, dès le mois de janvier 1857, par MM. Coin-Delisle et Duchesneau.

A cette époque, les articles 2194 et 2195 du Code civil étaient interprétés, par la Cour de cassation, d'une part, dans le sens que leur observation était obligatoire pour l'adjudicataire sur expropriation forcée comme pour l'acquéreur sur aliénation volontaire (arrêt rendu en audience solennelle par la Cour de cassation, à la date du 29 juin 1833). Et d'autre part, qu'à défaut d'inscription dans les deux mois, l'hypothèque légale des femmes, des mineurs et des interdits était définitivement éteinte, et qu'il n'y avait plus pour eux ni droit de suite contre l'acquéreur, ni droit de préférence sur le prix qui était à la libre disposition du mari ou du tuteur et de leurs créanciers (arrêt des sections réunies de la Cour de cassation en date du 23 février 1852).

Loi du 21 mai 1858.

Mais, depuis lors, est intervenue la loi du 21 mai 1858 que le *Moniteur* a publiée avec de grands éloges, comme complétant celle du 23 mars 1855, et comme destinée à relever le crédit immobilier qui ne trouvait pas, dans la législation antérieure, des garanties suffisantes pour les placements hypothécaires et pour les acquisitions d'immeubles.

Cette loi fut préparée par une commission présidée par M. le premier président Troplong, et composée de jurisconsultes éminents auxquels M. Paul Pont a pu présenter sa doctrine *d'extinction* d'hypothèque légale au moyen de la renonciation faite par la femme du vendeur au profit de l'acquéreur.

Cette loi a remplacé les articles du Code de procédure civile portant les numéros 692, 696, 717, relatifs à l'expropriation forcée, 749 à 779, déterminant les conditions de l'ordre qui doit suivre l'expropriation, et 838, relatif à la surenchère.

L'article 717 règle les conditions à observer pour l'exercice du droit de demander la résolution des aliénations antérieures, ainsi que les formes de publicité que doit observer le poursuivant, notamment pour mettre en demeure les femmes, les mineurs et les interdits, de faire inscrire leur hypothèque légale avant la transcription du jugement d'adjudication. Néanmoins, les femmes, les mineurs et les interdits, qui n'auront pas fait inscrire leur hypothèque avant la transcription du jugement d'adjudication, conserveront le droit de produire dans l'ordre, et d'être colloqués au rang de leur hypothèque, sous la seule condition que leur demande en collocation soit formée dans les quarante jours qui suivront la sommation de produire adressée aux créanciers hypothécaires de la partie saisie.

C'est ainsi que la loi de 1858 a modifié les formalités à remplir par l'adjudicataire sur expropriation forcée, en exécution de l'article 2194 du Code civil, et a opéré, dans cette nouvelle forme, la purge des hypothèques légales non inscrites. Contrairement aux dispositions de l'arrêt solennel de la Cour de cassation du 29 juin 1833, l'adjudicataire sur expropriation forcée est dispensé de remplir les formalités exigées par l'article 2194 du Code civil.

Telles sont les principales conditions nouvelles de l'expropriation forcée et de l'ordre qui doit en être la suite.

Après les avoir établies, la loi, article 772, s'occupe des aliénations qui n'ont pas lieu sur expropriation forcée, et cet article est ainsi conçu :

« Lorsque l'aliénation n'a pas lieu sur expropriation forcée, l'ordre est provoqué par le créancier le plus diligent « ou par l'acquéreur. Il peut être aussi provoqué par le vendeur, mais seulement lorsque le prix est exigible. Dans « tous les cas, l'ordre n'est ouvert qu'après l'accomplissement des formalités prescrites pour la purge des hypothèques. Il est introduit et réglé dans les formes établies « par le présent titre. Les créanciers à hypothèque légale, « qui n'ont pas fait inscrire leur hypothèque dans le délai « fixé par l'article 2195 du Code Napoléon, ne peuvent exercer le droit de préférence sur le prix qu'autant qu'un ordre

« est ouvert dans les trois mois qui suivent l'expiration de « ce délai, et dans les conditions déterminées par la dernière « disposition de l'article 717. »

Ces conditions à l'exercice du droit de préférence par la femme, sur le prix de l'immeuble aliéné sous forme de vente volontaire et après purge de son hypothèque légale, paraissent ne devoir être appliquées que dans le cas où la femme n'aurait pas concouru à la vente en qualité de covenderesse ou de caution du mari.

C'est ce qui résulte d'un jugement du Tribunal de Villeneuve-sur-Lot, en date du 1er mai 1865, rendu en l'espèce suivante :

Suivant contrat en date du 8 octobre 1858, les mariés Malaret ont vendu, conjointement et solidairement, à divers acquéreurs, les immeubles propres au mari, moyennant le prix de 17,000 francs, dont le contrat contient quittance, mais qui fut versé dans les mains du Notaire qui l'a employé tout entier à payer les divers créanciers, hypothécaires et chirographaires, du sieur Malaret.

La dame Malaret a obtenu plus tard un jugement de séparation de biens, et ses reprises furent liquidées à 5,862 fr. 65.

La dame Malaret avait une hypothèque légale, sur les immeubles vendus, qui n'avait pas été purgée. Elle forma demande au Notaire dépositaire du prix de la vente, en paiement de ses reprises ; cette demande fut accueillie par le Tribunal de Villeneuve-sur-Lot.

Sur l'appel interjeté par le Notaire, arrêt confirmatif de la Cour d'Agen, du 21 mars 1866, ainsi motivé :

« Attendu que si la femme, par son concours à l'acte de « vente, a renoncé, au regard du tiers acquéreur, à l'hypo- « thèque légale qui garantissait ses droits paraphernaux, « elle n'en a pas moins conservé un droit de préférence sur « les sommes dues par ce dernier, pour le montant de ses « reprises ; qu'il suit de là que le Notaire ne pouvait valable- « ment se libérer entre les mains du mari seul, alors que la « vente avait été consentie par le mari et la femme conjoin- « tement, et qu'aucune clause de l'acte ne donnait au mari « le droit de percevoir l'entier prix sans le concours de sa « femme..... »

Le *Contrôleur de l'enregistrement*, qui rapporte cet arrêt sous le nº 14,084, le fait suivre des observations que voici :

« Le principe qui sert de base à ces décisions est aujour-« d'hui constant en jurisprudence, et est adopté par presque « tous les auteurs. Sans doute, la femme qui concourt à la « vente, faite par le mari, de l'immeuble soumis à son hypo-« thèque légale, est réputée renoncer à cette hypothèque « légale au profit de l'acquéreur; mais l'hypothèque conti-« nue de subsister, sur le prix, à l'égard des créanciers ins-« crits, et, dès lors, ce prix ne peut être payé, ni au mari, « ni à ses créanciers, au détriment de la femme. Deux arrêts « de la Cour de Pau appliquent cette doctrine, en rendant « responsables, vis-à-vis de la femme, soit l'acquéreur qui « a payé le mari, soit le Notaire qui a distribué aux créan-« ciers inscrits le prix versé entre ses mains, sans avoir « égard à l'hypothèque légale. »

L'arrêt de la Cour de cassation, du 12 février 1868, qui a rejeté le pourvoi de la dame Domond et du sieur Forestier, subrogé à son hypothèque légale, ne peut être opposé aux Cours d'Agen et de Pau, par la raison qu'il constate que la dame Domond avait cédé le bénéfice de son hypothèque légale à Forestier, et que celui-ci, à son tour, avait consenti au paiement fait par les acquéreurs au préjudice de cette hypothèque légale.

La distinction entre la femme qui n'a pas concouru à la vente faite par le mari, dont l'hypothèque légale a été purgée dans la forme prescrite par les art. 2194 et 2195 du Code civil, et la femme qui, ayant concouru à la vente, a ainsi acquis, sur le prix, un droit proportionné à la quotité des reprises garanties par son hypothèque légale, est donc solidement établie.

Ce droit vient d'être récemment reconnu par la disposition de la loi promulguée le 15 février 1889, dont les termes suivent :

« Toutefois, la femme conserve son droit de préférence « sur le prix, mais sans pouvoir répéter contre l'acquéreur « le prix ou la partie du prix par lui payés de son consen-« tement, et sans préjudice du droit des autres créanciers « hypothécaires. »

Cette énorme différence entre la femme qui est demeurée étrangère à la vente, et celle qui y a concouru en qualité de covenderesse, a fait écarter avec raison l'application à celle-ci de l'article 772 du Code de procédure civile, dans la discussion qui a précédé l'adoption de la loi promulguée le 15 février 1889.

Jurisprudence interprétative de l'art. 9 de la loi du 23 mars 1855, sur la question de transmission ou d'extinction de l'hypothèque légale de la femme, par l'effet de la renonciation consentie en faveur de l'acquéreur de l'immeuble du mari. — Faits qui y ont donné lieu.

Le 4 juin 1860, vente suivant acte authentique, par les mariés Coste à Francon, d'une portion d'immeuble au prix de 3,600 francs dont le contrat contient quittance.

Les vendeurs promettent solidairement à l'acquéreur de le garantir de toute éviction, hypothèque, surenchère, etc..., et la dame Coste se désiste à son profit de son hypothèque légale, et lui en donne mainlevée.

Le 30 juillet 1860, l'acte est transcrit. La transcription révèle l'existence de deux inscriptions au profit des sieurs Blanc et Frison.

Le 12 août 1860, les mariés Coste consentent, au profit des sieurs Trunel et autres, une obligation hypothécaire contenant subrogation à l'hypothèque légale de la dame Coste, qu'ils avaient eu soin de faire inscrire, en conformité de l'article 9 de la loi du 23 mars 1855.

Le 12 septembre 1860, Francon signifie aux vendeurs une sommation de lui fournir mainlevée des inscriptions prises au profit de Blanc et de Frison.

Blanc, créancier inscrit, signifie alors à Francon de payer ou délaisser ; sur cette sommation, Françon dénonce son contrat d'acquisition, à la date du 28 décembre 1861, et offre son prix aux créanciers inscrits avant la transcription, avec déclaration qu'il a déjà payé dans les mains des vendeurs, et qu'il fait à ce sujet toutes réserves.

Un ordre ayant été ouvert, les créanciers inscrits, soit avant la transcription soit depuis, furent appelés à produire leurs titres.

L'état provisoire de collocation dressé par le juge commissaire admit au premier rang la dame Coste, pour le montant de ses reprises dotales excédant le prix à distribuer. Le sieur Francon fut colloqué en sous-ordre, pour la somme par lui payée à la dame Coste aux droits de laquelle il était subrogé.

Deux contredits surgissent.

L'un émane du sieur Blanc, premier créancier inscrit, qui prétend que Mme Coste doit être écartée, parce que, d'après les termes de l'acte de vente du 4 juin 1860, elle s'est purement et simplement désistée de son hypothèque légale. A ce contredit le sieur Francon oppose : 1° la subrogation légale établie au profit de l'acquéreur qui a payé son prix aux mains de la dame Coste, première en ordre ; 2° la doctrine nouvellement adoptée par la loi du 21 mai 1858, qui réserve à la femme mariée son droit de préférence sur le prix, sous la seule condition de produire à l'ordre dans le délai fixé par l'article 754 du Code de procédure civile.

Le second contredit fut formé par les sieurs Trunel et consorts, qui, tout en reconnaissant que l'hypothèque légale de la femme Coste n'était pas éteinte par la renonciation ; que cette renonciation, faite en faveur de Francon, emportait subrogation, excipèrent de la disposition de l'art. 9 de la loi du 23 mars 1855 portant : « que la date des inscrip-« tions détermine l'ordre dans lequel ceux qui ont obtenu « des cessions ou renonciations exercent les droits hypo-« thécaires de la femme. » Le sieur Francon, ayant négligé de faire inscrire à son profit l'hypothèque légale à laquelle il était subrogé, ne peut être colloqué, en sous-ordre de la dame Coste, qu'à un rang postérieur à l'inscription utilement prise par les sieurs Trunel et consorts qui lui sont préférables.

Mais alors, le sieur Francon, changeant de système, invoqua la doctrine de M. Paul Pont, suivant laquelle l'hypothèque légale de la dame Coste, ayant été éteinte par le fait de sa renonciation à la date de la transcription du 30 juillet 1860, n'avait pu être transmise aux sieurs Trunel et consorts à la date du 12 août 1860.

Le 12 juin 1863, le Tribunal a jugé que le droit du sieur Francon, à l'hypothèque légale de la dame Coste, était préférable à celui transmis postérieurement aux sieurs Trunel et consorts.

Sur l'appel interjeté par ceux-ci, la Cour de Lyon a réformé ce jugement, et ordonné que les sieurs Trunel et consorts, qui avaient fait inscrire à leur profit l'hypothèque légale de la dame Coste, le 12 septembre 1860, profiteraient de la collocation obtenue au nom de Mme Coste, préférablement à Francon, qui avait négligé de remplir cette formalité.

Le pourvoi contre cet arrêt, admis par la section des requêtes, fut rejeté par la section civile, à la date du 29 août 1866.

Voici les motifs de l'arrêt de la Cour de cassation :

« Attendu que, aux termes de l'article 9 de la loi du « 23 mars 1855, dans les cas où les femmes peuvent céder « leur hypothèque légale ou y renoncer, cette cession ou « cette renonciation doit être faite par acte authentique ; et « les cessionnaires n'en sont saisis que par l'inscription de « cette hypothèque prise à leur profit, ou par la mention de « la subrogation en marge de l'inscription préexistante ; et « les dates des inscriptions ou mentions déterminent l'ordre « dans lequel ceux qui ont obtenu des cessions ou renon- « ciations exerceront les droits hypothécaires de la femme ;

« Attendu que cette disposition s'applique à l'acquéreur « qui, ayant payé son prix au moment du contrat, offre en- « suite, sur la sommation d'un créancier hypothécaire du « vendeur, d'acquitter les dettes hypothécaires dont l'im- « meuble par lui acquis est grevé ; et qui, dans l'ordre ou- « vert en conséquence de ces offres, prétend primer, tout « à la fois, le créancier inscrit avant la vente et divers « autres créanciers subrogés ultérieurement par des ces- « sions régulièrement inscrites à l'hypothèque légale de la « femme du vendeur, en se présentant lui-même comme « subrogé à la même hypothèque légale en vertu d'une re- « nonciation consentie en sa faveur dans l'acte même de « vente, et en demandant à exercer en sous-ordre les droits « hypothécaires de la femme colloquée en premier ordre ; « que l'acquéreur se trouve, en pareil cas, vis-à-vis des « autres cessionnaires de l'hypothèque légale, dans la situa- « tion textuellement prévue par la disposition précitée ; que « la renonciation, dont il ne réclame et ne peut réclamer le « bénéfice au regard du créancier du vendeur que comme « étant saisi des droits hypothécaires de la femme, n'est « point, à défaut, soit d'une inscription, soit de l'accom- « plissement des formalités de la purge, opposable aux « cessionnaires dont les subrogations ultérieures ont été « régulièrement inscrites, conformément à ladite disposi- « tion ; qu'en effet, le mode de publicité dont cette disposi-

« tion détermine la forme et l'efficacité, comme étant le seul « propre à avertir les tiers des cessions ou renonciations « par lesquelles la femme aurait disposé de son hypothèque « légale, et à régler l'ordre dans lequel ceux qui auront « obtenu de telles cessions ou subrogations exerceront les « droits hypothécaires de la femme, ne saurait être utile- « ment suppléé par un autre mode ayant un tout autre « objet, et spécialement par la transcription du contrat de « vente où la femme intervenante aurait déclaré se désister, « au profit de l'acquéreur, de son hypothèque légale sur « l'immeuble vendu;

« D'où il suit qu'en décidant, dans l'état des faits, que le « rang des créanciers qui se présentaient à l'ordre comme « exerçant, en vertu des cessions ou renonciations qu'ils « avaient obtenues de la dame Coste, les droits hypothé- « caires de celle-ci, doit être, dans la collocation en sous- « ordre de ladite femme, réglé suivant la date de leurs ins- « criptions, l'arrêt dénoncé, loin de violer l'article 9 de la « loi du 23 mars 1855, en a fait une juste application,

« Rejette. »

En rapportant cet arrêt, le *Journal des Notaires* le fait suivre des observations que voici :

« Il ne décide pas, en thèse générale, que l'acquéreur « doit toujours faire faire, en marge de l'inscription de la « femme, la mention exigée par l'article 9; il ne décide pas « non plus que, dans tous les cas et d'une manière absolue, « la renonciation consentie par la femme ne peut, si elle « n'a été accompagnée de l'accomplissement des prescrip- « tions de l'art. 9 de la loi du 23 mars 1855, être opposée « par l'acquéreur, au profit duquel elle a eu lieu, aux créan- « ciers subrogés à la même hypothèque, postérieurement à « la transcription de la vente, qui ont eu soin de faire men- « tionner leur subrogation. » En définitive, ce journal conclut que : « hors le cas où l'acquéreur est obligé d'opposer, « à des créanciers inscrits avant la transcription, le carac- « tère translatif de la cession d'hypothèque légale de la « femme du vendeur consentie en sa faveur, il peut soute- « nir, contre les créanciers *subrogés* postérieurement à « cette hypothèque, que la renonciation a un caractère ex- « tinctif. »

Cette opinion n'a pas été confirmée par la jurisprudence, dans l'espèce suivante :

En l'année 1869, M. et Mme Rousseau-Hovine avaient vendu, à M. et Mme Vanhaël-Moity, un immeuble, au prix de 16,500 francs, payables après les formalités de transcription. Dans le contrat de vente, Mme Rousseau-Hovine avait déclaré expressément renoncer à son droit d'hypothèque légale sur l'immeuble vendu.

Le prix de la vente avait été payé, le 28 juillet 1869, avec des deniers fournis par un tiers qui fut subrogé aux droits des vendeurs ; et ce tiers, prêteur de fonds, fut lui-même remboursé par les sieur et dame Vanhaël-Moity, acquéreurs.

Suivant acte du 30 décembre 1877, M. et Mme Rousseau-Hovine se sont reconnus débiteurs solidaires envers M. Frémy d'une somme principale de 12,000 francs, et Mme Rousseau a subrogé M. Frémy, d'une manière générale, dans tous ses droits *d'hypothèque légale* contre son mari. En janvier 1878, M. Frémy a fait inscrire l'hypothèque légale à laquelle il était subrogé, sur tous les immeubles grevés de cette hypothèque.

A cette époque les mariés Moity n'avaient pas rempli les formalités exigées par l'article 2194 du Code civil pour la purge des hypothèques légales.

Le 18 août 1881, M. et Mme Vanhaël-Moity ont revendu, à M. et Mme Vanhaël-Bracq, une partie de l'immeuble acquis des mariés Rousseau-Hovine, moyennant 6,000 fr. payés comptant, mais avec des deniers fournis par M. J.-B. Bracq qui a été subrogé aux droits des vendeurs. En 1885, le sieur Vanhaël-Bracq étant tombé en faillite, la portion d'immeuble qu'il avait acquise des sieur et dame Vanhaël-Moity fut vendue, à la requête du syndic de la faillite, moyennant le prix de 12,170 francs sur lequel un ordre fut ouvert au greffe du Tribunal de Cambrai.

A cet ordre ont produit :

1° M. J.-B. Bracq, créancier privilégié comme subrogé aux droits des mariés Vanhaël-Moity vendeurs du failli ;

2° M. Frémy, créancier des sieur et dame Rousseau-Hovine, propriétaires originaires de l'immeuble, lequel, comme étant subrogé à l'hypothèque légale de la dame Rousseau, a prétendu avoir droit de priorité sur l'inscription de privilège prise au profit de M. J.-B. Bracq.

Aux termes du règlement provisoire de l'ordre, *M. Frémy* a été colloqué, à la date du 26 janvier 1878, comme subrogé à l'hypothèque légale de la dame Rousseau, remontant au 25 février 1865, jour de son mariage. En conséquence, M. Frémy s'est trouvé venir immédiatement après les frais privilégiés de l'ordre, et, par suite, antérieurement à l'inscription de privilège de M. Bracq.

Sur les difficultés élevées à l'occasion de ce règlement provisoire, est intervenu, à la date du 11 mai 1887, un jugement du Tribunal de Cambrai qui a déclaré la créance de M. Frémy, subrogé à l'hypothèque légale de la dame Rousseau-Hovine, préférable à celle de M. J.-B. Bracq, subrogé au privilège de vendeur des mariés Vanhaël-Moity.

Voici les motifs de ce jugement :

« Attendu que la loi du 23 mars 1855 a voulu, avant tout, « empêcher que les tiers soient exposés à être trompés ; que, « dans ce but, elle a prescrit des moyens de publicité qui « doivent être strictement observés ;

« Attendu que, dans son article 9, cette loi dispose que, « dans les cas où les femmes peuvent céder leur hypothèque « légale ou y renoncer, les cessionnaires ne sont saisis de « cette cession ou renonciation que par l'inscription prise « à leur profit ; que les dispositions de cet article sont géné- « rales et embrassent toutes les renonciations, même celles « purement extinctives faites au profit de l'acquéreur du « mari ; qu'en effet les tiers ont intérêt à savoir que la « femme n'a plus le bénéfice de son hypothèque légale, soit « qu'elle ait transféré ce bénéfice à l'acquéreur, soit que « cette hypothèque ait été éteinte par la renonciation que « la femme aurait faite au profit du dit acquéreur ;

« Attendu, en outre, qu'en matière de publicité, le registre « des transcriptions ne peut remplacer celui des inscrip- « tions ; que les tiers, auxquels la femme offre le bénéfice « de son hypothèque légale, n'ont à consulter que le registre « des inscriptions, qui, conformément à l'article 9 de la loi « du 23 mars 1855, indique, d'après leur date, le rang des « créanciers subrogés ; que, les aliénations faites par le mari « ne portant en principe aucune atteinte aux droits hypothé- « caires de la femme, les tiers n'ont aucun intérêt à con- « sulter le registre de transcription ;

« Attendu enfin, qu'il peut arriver que la femme, qui n'a

« pas concouru à l'acte de vente, renonce plus tard à son « hypothèque légale, au profit de l'acquéreur, par acte sé- « paré ; que, dans ce cas, le registre des transcriptions n'au- « rait aucun intérêt pour les tiers ; qu'il est donc certain que « toutes les renonciations, même celles qui sont purement « extinctives, doivent figurer au registre des inscriptions ; « que ce mode de publicité, conforme au but et à l'esprit de « la loi du 23 mars 1855, est formellement exigé par l'art. 9 « de ladite loi ;

« Attendu que la renonciation de la femme Rousseau, « dans l'acte du 6 juillet 1869, n'ayant pas été inscrite, est « sans effet à l'égard de Frémy, etc. »

En conséquence, le Tribunal a maintenu en première ligne la collocation de M. Frémy, comme subrogé à l'hypothèque légale de la femme Rousseau.

Sur l'appel interjeté par M. J.-B. Bracq et consorts, la Cour de Douai a rendu, le 22 décembre 1887, un arrêt confirmatif ainsi motivé :

« Attendu que l'immeuble vendu, le 18 août 1881, par les « époux Vanhaël-Moity à Vanhaël-Bracq, avait été acquis de « Rousseau, le 6 juillet 1869, et qu'il était, à l'époque de la « revente, grevé de l'inscription prise le 26 janvier 1878, par « Frémy, subrogé dans l'hypothèque légale de la dame « Rousseau, remontant au 25 février 1855 ;

« Que, si le seul fait de la transcription de l'acte du 6 juil- « let 1869, en tant que translatif de propriété, a suffi, aux « termes des articles 1 et 3 de la loi du 23 mars 1855, *pour « rendre Vanhaël-Moity* propriétaire vis-à-vis des tiers, la re- « nonciation à l'hypothèque légale ne pouvait lui profiter, à « l'égard des mêmes tiers, que par une inscription prise con- « formément à l'article 9 ;

« Que la transcription du 19 juillet 1869, qui laissait « subsister les hypothèques conventionnelles et judiciaires « inscrites, a également laissé subsister l'hypothèque lé- « gale dispensée d'inscription, et a ainsi permis la subro- « gation que la dame Rousseau a consentie à Fremy, le « 30 décembre 1877 ;

« Qu'en vain Bracq et consorts affirment que l'article 9 « de la loi du 23 mars 1855 ne s'appliquerait qu'à la renon- « ciation translative de l'hypothèque légale de la femme ;

« qu'il ne régirait pas la renonciation purement extinctive, « pour laquelle la transcription serait, à l'égard des tiers, « un mode de publicité suffisant, etc. »

En conséquence, la Cour de Douai a confirmé le jugement du Tribunal de Cambrai.

La Cour de Douai a ainsi jugé que l'acquéreur était obligé de faire inscrire, à son profit, l'hypothèque légale de la femme du vendeur, pour pouvoir l'opposer à des subrogations ultérieures, ainsi que l'avaient décidé les arrêts de la Cour d'appel de Lyon et de la Cour de cassation. Il est vrai, qu'à l'instigation du Comité des Notaires des départements, le pourvoi contre l'arrêt de la Cour de Douai a été admis par la Chambre des requêtes, le 6 février 1889, comme l'avait été le pourvoi contre l'arrêt de la Cour de Lyon du 22 décembre 1863.

La Chambre civile admettra-t-elle une doctrine contraire à celle de l'arrêt du 29 août 1866? C'est ce que l'avenir nous apprendra.

DEUXIÈME PARTIE

Loi du 15 février 1889.

Revenons en à l'arrêt de la Cour de cassation du 29 août 1866. Il fut suivi de nombreuses pétitions réclamant une loi nouvelle qui modifierait l'article 9 de celle du 23 mars 1855.

Faisant droit à cette demande, le Garde des sceaux présenta, le 26 novembre 1881, à la Chambre des députés, un projet de loi déclarant : « que la renonciation à son hypo« thèque légale, consentie par la femme, au profit de l'ac« quéreur d'un immeuble propre au mari ou dépendant de « la communauté, *en emporterait l'extinction.* »

Ce projet était la représentation fidèle de celui préparé par M. Amiaud, dans la *Revue pratique du Notariat*, en 1867. Il a donné lieu, devant la Chambre des députés, à un rapport de M. Bernier, député du Loiret, président de la Commission chargée d'en faire l'examen. — Sur ce rapport, présenté en novembre 1884, la Chambre des députés a adopté le projet présenté par M. le Garde des sceaux, dans les termes suivants :

« La renonciation par la femme à son hypothèque légale, « *au profit de l'acquéreur d'immeubles grevés de cette hypo« thèque, en emporte l'extinction et vaut purge*, à partir, soit « de la transcription de l'acte authentique d'aliénation, si la « renonciation y est contenue, soit de la mention faite en « marge de la transcription d'acte d'aliénation, si la renon« ciation a été consentie par acte authentique distinct. »

« En l'absence de stipulations *contraires*, cette renoncia« tion *résulte du concours de la femme à l'acte d'aliéna« tion.* »

Ce projet, ainsi conçu, confirmait la doctrine de M. Paul Pont, suivant laquelle l'article 9 de la loi du 23 mars 1855 devait être limité aux cessions d'hypothèque légale consenties *au profit des créanciers du mari*, qui étaient ainsi autorisés à en faire usage et à obtenir une collocation au rang de cette hypothèque légale. Il avait encore pour objet de constater que l'article 9 n'avait pas prévu la renonciation à l'hypothèque légale *consentie en faveur de l'acquéreur*, et que l'effet de cette renonciation devait être réglé uniquement par la loi nouvelle.

Il n'est pas douteux que, si ce projet eût été adopté par le Sénat en termes aussi précis, il aurait non seulement abrogé de plein droit l'article 9 de la loi du 23 mars 1855, qui, considérant l'acquéreur comme cessionnaire de l'hypothèque légale de la femme du vendeur sur l'immeuble aliéné, le soumettait à l'obligation de la faire inscrire à son profit; mais il aurait encore eu pour effet d'abroger virtuellement :

1° L'article 1er de la même loi, qui n'avait institué la transcription que comme moyen de publicité des contrats contenant transmission de propriété ou constitution de droits réels immobiliers, et qui avait réservé au registre des inscriptions la publicité à donner aux hypothèques, légales, judiciaires ou conventionnelles, ainsi que l'avait indiqué le jugement du Tribunal de Cambrai ;

2° L'article 2122 du Code civil, qui dispose que l'hypothèque légale s'étend à tous les immeubles, présents et futurs, appartenant au mari ;

3° L'article 2140 du Code civil, qui ne permet la restriction de l'hypothèque légale qu'aux époux majeurs, lorsqu'elle est contenue dans le contrat anténuptial, et leur interdit de convenir qu'il ne sera pris aucune inscription ;

4° L'article 2144 du Code civil, qui dispose que la femme ne peut valablement consentir une renonciation partielle à son hypothèque légale, par le seul fait de sa volonté ; qu'elle ne peut le faire que de l'avis de ses quatre plus proches parents, réunis en conseil de famille, dont l'avis doit être homologué ;

5° L'article 2193 du Code civil, qui ne fournit aux acquéreurs qu'un seul moyen de purger l'hypothèque légale de la femme sur les immeubles par eux acquis. Ce moyen leur est indiqué par l'article 2194 du Code civil, qui ne vise pas la renonciation volontairement consentie par la femme ;

6° Enfin, ce projet de loi eût encore abrogé la loi du 21 mai 1858, réservant à la femme le droit de préférence sur le prix non payé.

En donnant à la renonciation le même effet qu'à la purge, le projet de loi eût introduit un droit nouveau en opposition avec les articles du Code civil que nous venons de citer; il eût enlevé à la femme, placée sous l'entière dépendance du mari, la protection dont la loi voulait l'entourer; il l'eût privée de l'avis de sa famille que la loi antérieure jugeait nécessaire en pareil cas.

Il est vrai que la femme ayant capacité pour s'obliger pouvait transmettre le rang de son hypothèque légale, à des tiers au profit desquels elle avait valablement contracté des obligations; mais alors, l'hypothèque légale n'était que *transmise*, elle n'était pas *éteinte:* et, comme la femme ne s'obligeait qu'à titre de caution du mari, elle pouvait avoir la confiance qu'elle serait relevée de ses engagements par l'acquittement des obligations contractées; et, dans ce cas, l'art. 2135 du Code civil créait à son profit, pour l'indemnité des dettes ainsi contractées, une hypothèque prenant rang du jour de l'obligation.

En établissant que, à défaut de conditions contraires, la renonciation résulte du concours de la femme à l'acte d'aliénation, le projet de loi n'eût-il pas eu pour effet d'admettre un principe contraire à l'arrêt de la Cour de cassation, en date du 9 janvier 1822, qui n'admettait la validité d'une pareille renonciation que si elle était la conséquence nécessaire d'un engagement personnel pris par la femme au profit de ceux qui étaient appelés à en profiter? Il aurait étendu à l'hypothèque légale de la femme l'effet du n° 2 de l'art. 2180 du Code civil.

Telle devait être la conséquence du projet de loi voté par la Chambre des Députés, s'il eût été adopté par le Sénat, en ces termes. Une pareille rédaction n'aurait pas permis le doute sur l'interprétation du droit antérieur.

Mais en a-t-il été ainsi? — Non.

Lorsque ce projet fut soumis au Sénat, M. Merlin, sénateur de Douai, présenta un premier rapport, à la date du 27 janvier 1888, qui fut suivi de plusieurs amendements présentés par MM. Renauld et Lacombe.

Ces amendements ont donné lieu à un second rapport, et, après discussion, à l'adoption d'un nouveau projet ainsi conçu:

« Il sera ajouté à l'article 9 de la loi du 23 mars 1855 une « disposition ainsi conçue:

« 1° La renonciation par la femme à son hypothèque « légale, *au profit de l'acquéreur d'immeubles grevés de*

« *cette hypothèque, en emporte extinction et vaut purge*, à « partir, soit de la transcription de l'acte d'aliénation, si la « renonciation y est consentie, soit de la mention faite en « marge de la transcription de l'acte d'aliénation, si la renon- « ciation a été consentie par acte authentique distinct.

« 2° Dans tous les cas, cette renonciation n'est valable et « ne produit les effets ci-dessus, que si elle est contenue « dans un acte authentique.

« 3° En l'absence de stipulation *expresse*, la renonciation « par la femme à son hypothèque légale *ne pourra résulter « de son concours à l'acte d'aliénation*, que si elle stipule, « *soit comme covenderesse, soit comme garante ou caution « du mari.*

« 4° Toutefois, *la femme conserve son droit de préférence « sur le prix*, mais sans pouvoir répéter contre l'acquéreur « le prix ou la portion du prix par lui payés de son consente- « ment, et sans préjudice du droit des autres créanciers « hypothécaires.

5° Le concours ou le consentement donné par la femme, « soit à un acte d'aliénation contenant quittance totale ou « partielle du prix, soit à l'acte ultérieur de quittance totale ou « partielle, emporte même, à due concurrence, *subrogation* « à l'hypothèque légale sur l'immeuble vendu, au profit de « l'acquéreur, vis-à-vis des créanciers postérieurs en rang. « Mais cette subrogation ne pourra préjudicier aux tiers qui « deviendraient cessionnaires de l'hypothèque légale de la « femme sur d'autres immeubles du mari, à moins que l'ac- « quéreur ne se soit conformé aux prescriptions du para- « graphe 1er du présent article. » (Ce paragraphe 1er est le texte même de l'article 9 de la loi du 23 mars 1855.)

« 6° Les dispositions précédentes sont applicables à la « Guadeloupe, à la Martinique et à la Réunion. »

Ce nouveau projet a été définitivement adopté par le Sénat dans sa séance du 29 octobre 1888. Il a été ensuite soumis à l'approbation de la Chambre des députés, qui l'a voté dans sa séance du 13 février 1889. Il a été promulgué, le 15 du même mois, par M. le Président de la République, sous le titre suivant :

« Loi portant modification de l'article 9 de la loi du « 23 mars 1855 (Hypothèque légale de la femme). »

Observations sur la loi du 15 février 1889.

L'article 9 de la loi du 23 mars 1855 avait été souverainement interprété par la jurisprudence des Cours d'appel et de la Cour de cassation, dans le sens que ses dispositions étaient également applicables à la renonciation consentie *en faveur des créanciers du mari*, et à celle *en faveur de l'acquéreur de l'immeuble grevé de l'hypothèque légale.* Il ajoutait que cette renonciation ne pouvait avoir lieu que *dans les cas où les femmes peuvent céder leur hypothèque légale ou y renoncer.*

La loi nouvelle n'a point eu pour objet de substituer à cette interprétation une interprétation différente, mais de modifier profondément l'article 9, dans le sens que, désormais, il ne régirait plus *que les renonciations en faveur des créanciers du mari.* Quant à la renonciation en faveur de l'acquéreur de l'immeuble grevé de l'hypothèque légale, elle a introduit un droit nouveau en opposition avec les articles 2193, 2194 et 2195 du Code civil, en donnant à cette renonciation *l'effet d'éteindre l'hypothèque légale sur l'immeuble vendu, et de valoir purge*, à partir de la transcription de l'acte contenant la renonciation explicite ou implicite, et sans faire mention de la condition imposée en tête de l'article 9 à la renonciation consentie en faveur des créanciers du mari.

Tel a été le but de l'adoption par le Sénat, sur le rapport de M. Merlin, de Douai, à la date du 29 octobre 1888, du 1er paragraphe voté en 1887 par la Chambre des Députés.

Mais le Sénat n'adopta pas le 2e paragraphe, et renvoya à l'examen de la commission les amendements présentés par M. le sénateur Lacombe. Cet examen a donné lieu à un deuxième rapport de M. le sénateur Merlin, qui fut suivi du vote, par le Sénat, des paragraphes portant les numéros 2, 3, 4, 5 et 6, dans l'addition faite à l'article 9 de la loi du 23 mars 1855.

Voici les observations auxquelles donnent lieu les paragraphes 2, 3, 4 et 5 :

Paragraphe 2.

Ce paragraphe n'impose, pour la validité de la renonciation, d'autre condition que l'authenticité de l'acte qui la contient.

Paragraphe 3.

Dans ce paragraphe, le Sénat a profondément modifié, quant à l'effet du concours de la femme à l'acte d'aliénation, le projet voté par la Chambre des Députés.

Ce projet indiquait que le seul concours de la femme à l'acte d'aliénation suffisait pour opérer la renonciation à son hypothèque légale, au profit de l'acquéreur. Le Sénat n'a pas adopté cette rédaction, il l'a remplacée par le paragraphe 3 ainsi conçu :

« En l'absence de stipulation expresse, la renonciation « par la femme à son hypothèque légale ne pourra résulter « de son concours à l'acte d'aliénation, que si elle stipule, « soit comme covenderesse, soit comme garante ou caution « du mari. »

Cette rédaction nouvelle indique clairement que la renonciation produit l'effet de l'extinction ou de la purge, pourvu qu'elle soit exprimée en termes exprès, lors même que la femme ne serait ni covenderesse ni garante de l'exécution de la vente. Néanmoins, si la femme stipule en l'une de ces qualités, une pareille stipulation peut suppléer à l'absence de renonciation expresse. Cette rédaction paraît admettre que la renonciation peut être consentie sans aucun engagement personnel envers l'acquéreur, par la femme du vendeur, sans distinction de la femme ayant la capacité de s'obliger et d'aliéner, de celle qui ne l'a pas, et en dehors des conditions exigées par l'arrêt du 9 janvier 1822.

Paragraphe 4.

Dans ce paragraphe, le Sénat a modifié les conditions de l'exercice, par la femme, du droit de préférence sur le prix de l'immeuble vendu.

La loi du 21 mai 1858, dont les dispositions ont été inscrites dans le Code de procédure civile, sous les n°s 717 et 772, ne réservait à la femme qui n'avait pas fait inscrire son hypothèque légale dans les délais fixés par l'article 2195 du Code civil, que le droit de produire dans l'ordre ouvert pour la distribution du prix, et d'y obtenir une collocation au rang de son hypothèque légale.

Une première rédaction de ce paragraphe 4 est ainsi conçue :

« Toutefois, la femme conserve son droit de préférence « sur le prix, conformément aux articles 717 et 772 du Code « de procédure civile. »

Elle renvoyait donc à ces deux articles pour l'exercice du droit de préférence réservé à la femme dont l'hypothèque légale était purgée par le fait de sa renonciation.

La rédaction définitivement adoptée par le Sénat y a substitué le texte suivant :

« Toutefois, la femme conserve son droit de préférence « sur le prix, mais sans pouvoir répéter, contre l'acquéreur, « le prix ou la portion du prix par lui payés, de son consen- « tement, et sans préjudice du droit des autres créanciers « hypothécaires. »

Cette suppression du renvoi aux articles 717 et 772 du Code de procédure civile a eu pour but, suivant le rapport de M. Merlin, d'affranchir la femme de l'exécution de ces articles, et de créer, à son profit, le principe du droit de préférence dont elle pourra user dans les conditions et suivant la procédure qui lui seront indiquées par les circonstances.

Si la femme conserve son droit de préférence sur le prix, son hypothèque légale n'est donc pas éteinte, et le paragraphe 4 est en opposition manifeste avec le principe de l'extinction proclamé par le paragraphe 1er qui avait été le point de départ du projet de loi présenté par M. le Garde des sceaux.

L'acquéreur ne pourra donc payer son prix que du consentement exprès de la femme du vendeur. Quelle serait, dans ce cas, la position du mari ayant droit à la partie du prix excédant le droit hypothécaire de la femme ?

Pourrait-il faire procéder, pendant le mariage, à la liquidation des reprises de la femme, en l'absence d'une séparation de biens ? La femme pourrait-elle demander un remploi de ses reprises ?

D'autre part, l'acquéreur qui voudrait se libérer n'aurait d'autre moyen que le dépôt à la Caisse des consignations. Mais, dans ce cas, ne devrait-il pas déclarer très exactement les faits donnant lieu à cette consignation ?

La femme renonçante, ayant conservé son droit sur le prix, n'aurait-elle pas le droit de le céder à un tiers ?

Pourrait-elle faire cette cession sans observer les conditions prescrites par l'arrêt de la Cour de cassation du 9 janvier 1822?

En cas de décès, ce droit ne serait-il pas transmissible à ses héritiers?

Paragraphe 5.

Mais ce n'est pas tout.

Le retour au principe que la renonciation est, non extinctive, mais translative du droit à l'hypothèque légale de la femme, est adopté, en termes exprès, par le paragraphe 5 ainsi conçu :

« Le concours ou le consentement donné par la femme,
« soit à un acte d'aliénation contenant quittance totale ou
« partielle du prix, soit à l'acte ultérieur de quittance totale
« ou partielle, emporte même, à due concurrence, subroga-
« tion à l'hypothèque légale sur l'immeuble vendu, au profit
« de l'acquéreur, vis-à-vis des créanciers postérieurs en
« rang. »

Si la femme conserve un droit de préférence sur le prix de l'immeuble vendu, ce droit ne peut être justifié que parce qu'elle aurait conservé le bénéfice de l'hypothèque légale qui a créé ce droit à son profit.

Si l'acquéreur, qui a payé tout ou partie de son prix, du consentement de la femme, acquiert, par ce paiement, subrogation à l'hypothèque légale de la femme, cette hypothèque n'est donc pas éteinte, mais transmise, et l'acquéreur de l'immeuble se trouve acquérir en même temps la situation de cessionnaire de l'hypothèque légale, conformément à l'art. 9 de la loi du 23 mars 1855. Dans ce cas, ne devrait-il pas être soumis à l'obligation imposée à tout cessionnaire, de faire inscrire, à son profit, l'hypothèque légale de la femme du vendeur ?

Le texte du paragraphe 5 ne paraît-il pas l'en dispenser ?

Par suite de la vente, consentie solidairement par le mari et par la femme, de l'immeuble grevé de l'hypothèque légale de celle-ci, l'acquéreur acquiert en réalité, à titre onéreux, non seulement le droit du mari à la propriété, mais encore le droit de la femme à son hypothèque légale. Et l'aliénation de cette hypothèque, consentie par la femme, crée, au profit de celle-ci, une hypothèque en garantie contre le mari, à compter du jour de l'engagement par elle contracté; et cette hypothèque frappe tous les biens invendus, et peut être la matière d'une subrogation nouvelle en faveur de tiers autres que l'acquéreur.

Enfin il faut remarquer que la renonciation extinctive consentie par la femme, sans engagement personnel, ne créerait pas à son profit un droit à une indemnité ; mais qu'il en est autrement de la renonciation emportant subrogation au profit d'un tiers envers lequel la femme contracte un engagement personnel.

Ces observations ont pour but de démontrer que la loi nouvelle admet une confusion illogique, en donnant d'une part, à l'acquéreur, le droit d'opposer, aux subrogés postérieurs à la transcription de son contrat d'acquisition, la renonciation par la femme à son hypothèque légale, comme en opérant l'extinction absolue; et en l'autorisant, d'autre part, à opposer cette renonciation aux créanciers inscrits avant la transcription, comme opérant à son profit une subrogation au droit de préférence résultant de l'hypothèque légale. La renonciation ne peut pas être, à la fois, extinctive et subrogative, au gré de l'acquéreur.

On peut encore reprocher à la loi nouvelle d'introduire une confusion entre le registre des inscriptions destiné à donner la publicité aux hypothèques, et celui des transcriptions, qui, auparavant, était uniquement destiné à la publicité des contrats contenant aliénation ou constitution de droits réels immobiliers. Si, dorénavant, il faut rechercher dans le registre des transcriptions ce qui a rapport aux hypothèques légales, soit comme extinction soit comme subrogation, les intéressés seront obligés de consulter simultanément les deux registres, et de requérir des conservateurs l'état des inscriptions et celui des transcriptions.

Maintenant, la loi nouvelle modifie profondément la législation antérieure. Suivant le titre préliminaire du Code civil, « la loi ne dispose que pour l'avenir, elle n'a point d'effet « rétroactif. » Les renonciations consenties depuis le 1er janvier 1856 jusqu'au 15 février 1889 restent donc soumises à l'article 9 de la loi du 23 mars 1855, et à l'interprétation qui lui a été donnée :

Par M. le premier président Troplong ;
Par les arrêts des Cours d'appel de Lyon et de Douai ;
Et par les arrêts de la Cour de cassation.

Le Comité des Notaires des départements ne peut donc appliquer la loi nouvelle aux renonciations antérieures à cette loi, dont l'exécution présentera des difficultés incalculables.

Dans un rapport présenté à la Chambre des députés en l'année 1884, M. le Président de la Commission chargée de l'examen du projet de loi portant modification de l'article 9 de la loi du 23 mars 1855, a reconnu :

« Qu'une voix, isolée d'abord, partie des rangs du Nota-
« riat, a protesté, dès la première heure, contre l'interpré-
« tation commune de la loi, relativement aux renonciations
« par la femme en faveur de l'acquéreur. Cette voix n'a pas
« cessé de se faire entendre et de proclamer que l'article 9
« de la loi de 1855 s'appliquait uniformément, invariable-
« ment, à tous les cas où la femme se dessaisissait, soit mo-
« mentanément, soit définitivement, de son hypothèque
« légale. »

Mais M. le Président a omis de faire connaître que cette voix avait conseillé de s'en tenir à la purge de l'hypothèque légale autorisée par l'article 2193 du Code civil, en demandant toutefois une simplification des formes prescrites par l'article 2194 ; et que, dans ses observations critiques du projet de loi présenté par M. le Garde des sceaux, le 26 novembre 1881, l'auteur avait conseillé de se borner à réclamer cette simplification dont il avait présenté la formule en ces termes :

« A l'égard des femmes qui auront concouru, dans un
« acte authentique, à la vente des immeubles propres au
« mari ou dépendant de la communauté, la purge de leur
« hypothèque pourra avoir lieu dans les conditions sui-
« vantes :

« Le Notaire qui recevra le contrat de vente en remettra,
« à la femme du vendeur, un extrait signé de lui, sur papier
« non timbré, contenant :

« 1° Les nom, prénoms et qualité de l'acquéreur ;

« 2° La désignation des immeubles vendus ;

« 3° Le prix et les autres charges de la vente ;

« 4° L'avertissement que, à défaut d'inscription dans le dé-
« lai de jours qui suivront la transcription, les immeubles
« vendus seront purgés de l'hypothèque légale de la femme
« du vendeur.

« L'acquéreur fera transcrire au bureau des hypothèques
« le contrat de vente contenant le concours de la femme et
« la mention de l'avertissement donné à celle-ci dans la
« forme ci-dessus indiquée.

« A défaut d'inscription dans le délai de jours qui sui-
« vront la transcription, les immeubles vendus passeront à
« l'acquéreur purgés et affranchis de l'hypothèque légale,
« soit à l'égard de la femme, soit à l'égard des tiers qui y
« auraient été subrogés et qui ne l'auraient pas fait inscrire.

« Conformément à la loi du 21 mai 1858 et aux articles
« 717 et 772 du Code de procédure civile, cette purge n'étein-
« dra que le droit de suite sur l'immeuble vendu.

« Demeurera réservé à la femme le droit de préférence
« sur le prix, que le vendeur ne pourra recevoir et dont il
« ne pourra disposer qu'avec le concours de sa femme, qui
« aura la faculté d'exiger un remploi jusqu'à concurrence
« de ses reprises. »

Cette modification aurait eu en outre l'immense avantage de pouvoir être appliquée à la purge de l'hypothèque légale de toutes les femmes mariées, sans distinction de celles qui ont ou n'ont pas la capacité de consentir une renonciation.

Cette voix importune se fait une fois encore entendre pour exprimer le regret, qu'au lieu de réclamer inconsidérément la réforme de la loi sur la transcription, le Comité ne se soit pas borné à proposer celle de l'article 2194 du Code civil.

En résumé,

Les formes de la purge des hypothèques légales ont été modifiées :

Par la loi du 3 mai 1841, à l'égard des immeubles expropriés pour cause d'utilité publique ;

Par la loi du 10 juin 1853, à l'égard des immeubles hypothéqués en faveur du Crédit foncier ;

Par le nouvel article du Code de procédure civile, à l'égard des immeubles expropriés par suite de saisie immobilière.

Restent soumises à l'observation des formalités prescrites par l'art. 2194 du Code civil, et par l'avis du Conseil d'Etat du 1er juin 1807, la purge de l'hypothèque légale des mineurs et des interdits, et celle des femmes qui n'ont pas fait la renonciation autorisée par la loi du 15 février 1889, même sur les immeubles qui ont fait l'objet d'une vente judiciaire, quoique précédée d'une publicité égale à celle qui aurait précédé une vente par expropriation forcée.

A partir de la loi du 15 février 1889, l'art. 9 de la loi sur la transcription ne sera plus applicable qu'aux renonciations consenties par la femme en faveur des créanciers du mari.

Voici le texte de cet article :

« Dans les cas où les femmes peuvent céder leur hypo-
« thèque légale ou y renoncer, cette cession ou cette renon-
« ciation doit être faite par acte authentique, et les cession-
« naires n'en sont saisis à l'égard des tiers que par l'ins-
« cription de cette hypothèque prise à leur profit, ou par
« la mention de la subrogation en marge de l'inscription
« préexistante;
« Les dates des inscriptions ou mentions déterminent
« l'ordre dans lequel ceux qui ont obtenu des cessions ou
« renonciations exercent les droits hypothécaires de la
« femme. »

Quant à la renonciation en faveur de l'acquéreur, elle sera désormais régie par la disposition de la loi du 15 février 1889, ajoutée à l'article 9 de la loi du 23 mars 1855.

Cette disposition est ainsi conçue :

« 1° La renonciation par la femme à son hypothèque
« légale, au profit de l'acquéreur d'immeubles grevés de
« cette hypothèque, *en emporte l'extinction et vaut purge,*
« *à partir, soit de la transcription de l'acte d'aliénation, si*
« *la renonciation y est consentie, soit de la mention faite en*
« *marge de la transcription de l'acte d'aliénation, si la*
« *renonciation a été consentie par acte authentique dis-*
« *tinct.* »

« 2° Dans tous les cas, cette renonciation n'est valable et « ne produit les effets ci-dessus, que si elle est contenue « dans un acte authentique;

« 3° En l'absence de stipulation expresse, la renonciation « par la femme à son hypothèque légale ne pourra résulter « de son concours à l'acte d'aliénation, que si elle stipule, « soit comme *covenderesse*, soit comme garante ou caution « du mari ;

« 4° Toutefois, la femme conserve son droit de préférence « sur le prix, mais sans pouvoir répéter contre l'acquéreur « le prix ou la portion du prix par lui *payés* de son consen- « tement, et sans préjudice du droit des autres créanciers « hypothécaires;

« 5° Le concours ou le consentement donné par la « femme, soit à un acte d'aliénation contenant quittance « totale ou partielle du prix, soit à l'acte ultérieur de quit- « tance totale au partielle, emporte même, à due concur- « rence, subrogation à l'hypothèque sur l'immeuble vendu, « au profit de l'acquéreur, vis-à-vis des créanciers posté- « rieurs en rang. Mais cette subrogation ne pourra préju- « dicier aux tiers qui deviendraient cessionnaires de l'hypo- « thèque légale de la femme sur d'autres immeubles du « mari, à moins que l'acquéreur ne se soit conformé aux « prescriptions du paragraphe 1er du présent article. » (Ce paragraphe 1er est le texte même de l'article 9 de la loi du 23 mars 1855.)

Nous nous permettrons de poser à la jurisprudence les questions suivantes :

L'article 9 de la loi du 23 mars 1855 n'autorisait la cession par la femme de son hypothèque légale, ou la renonciation à cette hypothèque, que dans les cas où cette cession ou renonciation était possible suivant les lois antérieures. Or, la simple restriction de l'hypothèque légale était formellement interdite par les dispositions du Code civil, et ne pouvait avoir lieu que dans les conditions formellement exigées par l'arrêt du 9 janvier 1822.

En permettant à la femme de renoncer volontairement à son hypothèque légale, *en faveur de l'acquéreur de l'immeuble de son mari*, sans engagement personnel de sa part comme covenderesse ou caution, et en donnant à cette simple renonciation, pourvu qu'elle soit expresse, l'effet d'éteindre l'hypothèque légale, la loi nouvelle n'a-t-elle pas introduit un droit tout à fait nouveau opposé au droit antérieur? Et ce droit nouveau peut-il être exercé par les femmes mariées avant la loi nouvelle, sans violer l'article 2 du Code civil qui refuse à la loi l'effet rétroactif?

Cette loi pourrait-elle profiter à d'autres que *l'acquéreur du mari, qui seul y est désigné?* A l'égard des autres intéressés, la loi ancienne continuera-t-elle à être applicable?

S'il est reconnu que la loi nouvelle ne doit pas avoir d'effet rétroactif, il ne resterait plus qu'à examiner dans quels cas et comment elle doit être exécutée. Son objet principal a été *l'extinction* de l'hypothèque légale de la femme; le paragraphe 3, en refusant au simple concours de la femme l'effet *d'éteindre* son hypothèque, n'exprime-t-il pas que la renonciation expresse ne peut être remplacée que par la stipulation que la femme agit comme covenderesse ou garante de la vente?

Il est certain que, sous l'empire du Code civil, l'acquéreur ne pouvait éteindre l'hypothèque légale de la femme qu'en accomplissant les formalités exigées par l'article 2180, n° 3, de ce Code.

La loi du 21 mai 1858 a modifié l'art. 2180, en réservant à la femme, dont l'hypothèque légale aurait été purgée, le droit de préférence qui l'autorise à produire dans l'ordre ouvert pour la distribution du prix des immeubles aliénés, à la charge d'observer les conditions prescrites par les articles 717 et 772 du Code de procédure civile.

La loi nouvelle a créé un droit nouveau, en autorisant la femme à renoncer, par le fait de sa seule volonté, à son hypothèque légale, et à en opérer ainsi la purge, conformément aux articles 2180, n° 2, et 2195, sans que l'acquéreur soit tenu d'accomplir les formalités exigées par l'article 2194. Et elle ajoute, en termes exprès, que cette *renonciation* emporte *extinction* de l'hypothèque légale, renouvelant ainsi la doctrine des Chambres réunies de la Cour de cassation (arrêt de 1852 23 février), suivant laquelle, aux termes des articles 2180 et 2195 du Code civil, la purge opérait extinction complète de l'hypothèque légale, au profit de l'acquéreur, et ne permettait plus, à la femme dont l'hypothèque avait été purgée, de se présenter à l'ordre ouvert pour la distribution du prix.

L'adoption de ce principe nouveau peut-elle se concilier avec le n° 4 de la loi nouvelle qui réserve à la femme un droit, sur le prix, qualifié de *préférence ?* Et surtout avec le n° 5 portant que le *concours* ou le *consentement* donné, par la femme, au paiement du prix, emporte même, à due concurrence, *subrogation à l'hypothèque légale sur l'immeuble vendu*, quoique cette hypothèque soit déclarée éteinte ?

La loi de 1858 n'avait créé le droit de préférence qu'en faveur des femmes qui n'avaient pas concouru à la vente de l'immeuble du mari, et dont l'hypothèque légale avait été purgée dans la forme prescrite par la législation existante ; mais elle les avait soumises à des conditions rigoureuses dont l'inobservation était un obstacle à l'exercice du droit de préférence.

La loi nouvelle, au contraire, réserve, à la femme qui a concouru ou consenti à la vente, un droit qui ne peut être assimilé à celui réservé aux femmes dont l'hypothèque légale a été purgée, sans qu'elles aient concouru ou consenti à l'acte. D'autre part, cette loi n'impose aucune condition pour la conservation de ce droit, qui peut être exercé indéfiniment, tant que le prix n'est pas payé.

Nous demanderons encore à la jurisprudence d'indiquer : Si le contrat auquel la femme aura concouru aura pour effet, soit *d'éteindre*, soit de *réserver*, soit de *transmettre* son droit à l'hypothèque légale ; et quels sont les cas dans lesquels les femmes *pourront*, et ceux dans lesquels elles *ne pourront pas* faire la renonciation autorisée par la loi nouvelle.

Lyon. — Impr. P. Mougin-Rusand, rue Stella, 3.

www.ingramcontent.com/pod-product-compliance
Ingram Content Group UK Ltd.
Pitfield, Milton Keynes, MK11 3LW, UK
UKHW021000220726
13924UKWH00002B/808